JN440256

Le journal intime
내면일기 시리즈·1

숭고한 노이로제

01 시작

Le journal intime
내면일기 시리즈·1

숭고한 노이로제

초판 1쇄 인쇄 2013년 08월 22일
초판 1쇄 발행 2013년 09월 09일

지은이 성귀수
펴낸이 신종호

디자인 인챈트리 _ 02)599-1105
인쇄 세연인쇄 _ 031)948-2850

펴낸곳 까만양
출판등록 2012년 4월 17일 제 315-2012-000039호
이메일 kkamanyang33@hanmail.net

일원화공급처 북파크
주소 경기도 고양시 일산서구 가좌동 540-22
대표전화 031)912-2018
팩스 031)912-2019

ISBN 978-89-97740-09-3 03800

잘못 만들어진 책은 바꿔드립니다.

2013년 여름, 자화상

숭고한 노이로제

성귀수 내면일기

저자소개

성귀수를 〈정신의 무거운 실험과 무한히 가벼운 실험정신〉의 시인이자, 수많은 외서를 한글로 옮긴 번역가라고 소개하는 것은 그를 소개하는 여러 방법들 중 가장 타성적인 방법에 속한다. 가령, 그는 지금 당신이 손에 쥔 이 책을 쓴 장본인이자, 그 책으로 단단히 엮였다가 풀려나는 엑토플라슴의 순간적인 한 유형일 수 있다. 중요한 건, 그가 門을 열고 밖으로 나갔다는 사실이지, 門이 아니다.

저자 발언

늘 그렇듯이,

생존의 집착은 생존의 프로세스를 무너뜨린다.

여기 새겨진 글들은

정확히 1968년 어느 저녁부터 2013년 7월 1일까지

내가 저질러온 삶이라는 症狀과 관련한 기록의 발췌다.

투철한 광기에서 존재의미를 찾는다.

존재의미...

그러나 과연,

존재와 의미의 수렴이 가능한가?

나는 가끔
나 자신이

무쇠를 끓여 만든
미친 鐘 속의

느껴···

침묵을 잠시 제쳐두고

제한된 언어체계를 익혀
소통을
시도하는 것은
기만적인 행위에 속할까?

인터뷰

한마디로 미 친 놈 이었다.

약간의 변화만 주면서 인생을 번잡스럽지 않게 살자는 모토였기에

내 꿈은 〈가장 높은 옥탑방에서의 시쓰기〉였다.

정말 내가 쓰지 않으면 안 될 시를 쓰고는 그 다음날 죽어도 좋을 삶이었다.

늘 나는 내일 죽어야지 내일 죽어야지를 주문처럼 외우고 다녔다.

머릿속은 항상 시정신 과포화상태였고

손엔 언제나 백지장 구겨가지고 다니면서

술 먹고 시 쓰고, 술 먹고 시 쓰고, 나쁜 짓 하고 술 먹고 시 쓰고,

그게 지겨워지면

아직밝혀지지않
은언어체계가존
재한다는신념이
구현되어있지않은
것은詩가아니다.

N	K	F	G	B	L	S	P	E	N	E	C	U	L	Y	J
L	D	J	H	E	A	D	S	T	A	R	T	S	S	C	T
F	N	A	J	P	E	G	G	C	R	N	C	E	T	P	A
J	F	Q	T	C	T	W	X	A	J	N	A	C	R	H	B
K	Z	G	N	A	F	G	P	A	D	O	X	A	U	O	L
K	D	I	F	W	B	A	V	M	S	L	R	F	T	R	E
T	R	D	G	K	C	A	E	R	Z	E	K	R	S	A	S
P	A	L	Z	H	S	Z	S	C	N	P	M	E	B	C	P
F	R	N	E	C	K	J	Y	E	L	B	T	V	G	L	A
N	P	W	R	H	N	X	A	N	X	I	W	R	L	E	C
P	N	I	M	T	I	Y	M	V	T	M	P	E	G	K	E
B	P	P	M	M	L	Y	P	B	A	C	N	S	G	W	K
T	J	V	K	L	P	R	M	L	Q	S	F	A	E	G	P
B	C	E	T	N	O	W	E	B	S	E	R	V	I	C	E
L	C	G	K	T	T	G	T	X	A	J	A	A	N	L	Z
G	J	D	E	V	E	L	O	P	E	R	N	J	T	L	N

모든 정신활동의 통합방정식을 구할 욕심이 없다면

를 지어내지 마라.

잉태
름에 정신병이 들어선다.

나는 人工衛星에 탑재된 정신이라 팔다리가 없네

그날 성귀수 씨는
명줄 끊어진 영혼이
두둥실 떠올라
전속력으로 인생을 위치추적중이었다.

왜
이 삶을 사랑하는지 아니?
배신감이 들 만큼
아름다워서다.

내 인생은
탈퇴를 거듭하여
분노조차 무의미한 경지에
도달했다.

드
디
어
非文을 쓸 수 있게 된 것이다.

INVISIBLE

지금 나는 비명횡사해 있습니다.
시체를 찾으면 돌아가겠습니다.

나선계단

내가 관심 있는 것은 삶이 아니다. 내가 관심 있는 것은 삶이 사라지기까지의 과정이다.

BLACK OUT

정신이 머리 위 30센티미터 지점에서
체공하는 동안
이 몸은 분주히 어디론가 돌아다니다

옴.

검은 고양이

결국에는 검은 고양이를 구하러
불타는 집으로 뛰어든 사람
얼마나 질긴 가시넝쿨로 이 미친 자의 머리를 묶어두어야
광란을 잠재울 수가 있나?

노란 잠수함

페르페툼 모빌레

미쳐가는 당신의 머리 위로

한 다발 노란 수선화가 떠오른다.

현실을 살아가는 것은 그리 어려운 일이 아니다.
죽는 순간까지, 죽을 힘을 다해 살면 된다.

그 모든 것을 뛰어넘어,
정작 너의 분발이 필요한 곳은

비현실의 영역이다.

不文律

인간은

외롭고
의롭고
야해야

한다.

사내는 같이 죽어도 좋을 계집을 데리고

침대에 들었다.

그 짓 하는 것 외엔 딱히 존재할 방책이 없는 것처럼

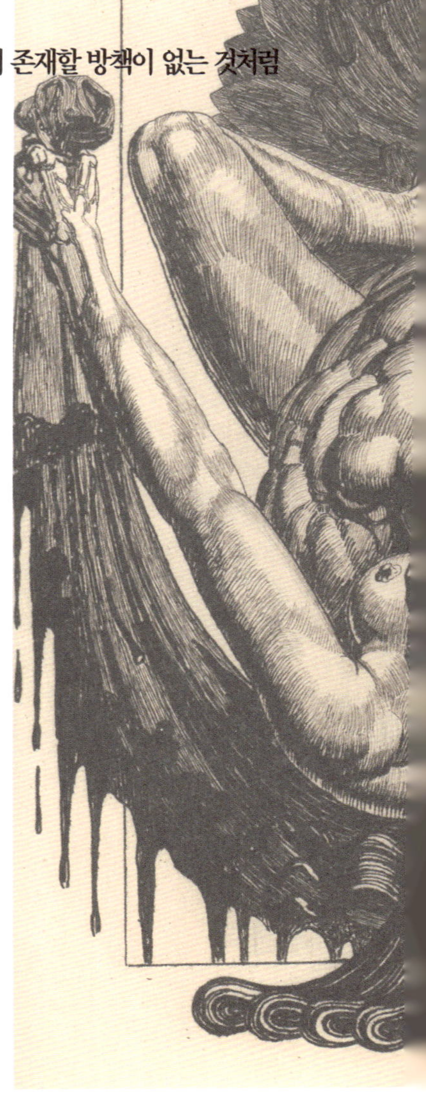

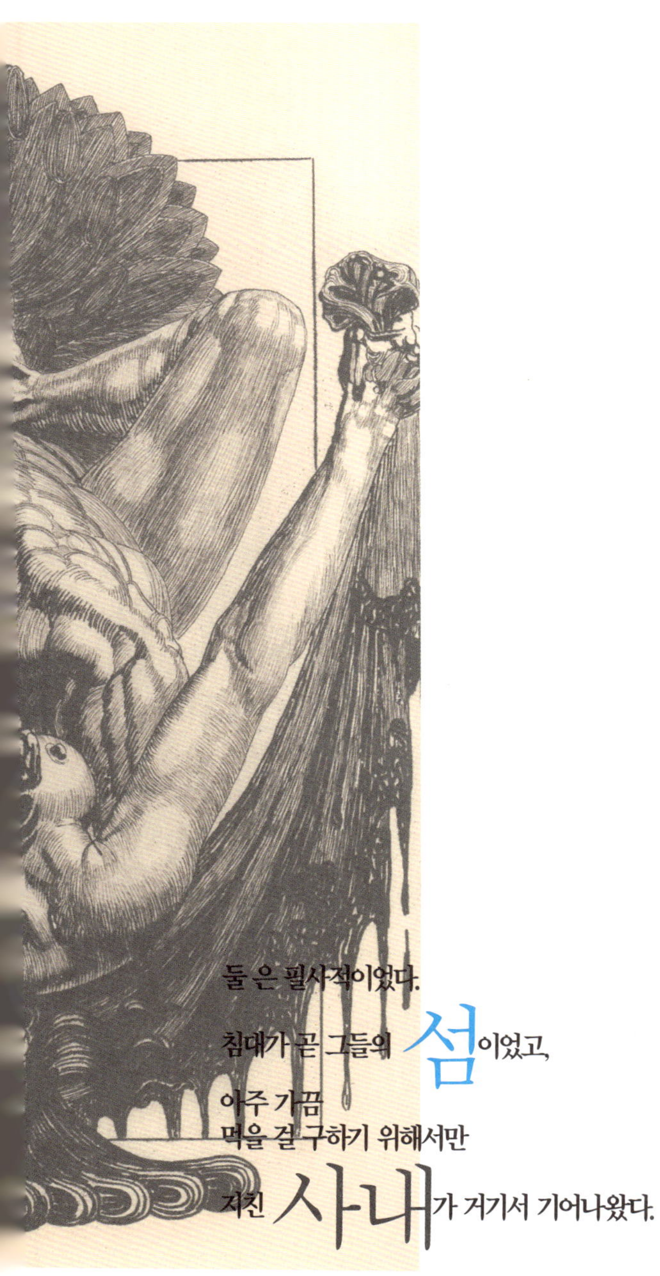

둘은 필사적이었다.

침대가 곧 그들의 섬이었고,

아주 가끔
먹을 걸 구하기 위해서만

지친 사내가 거기서 기어나왔다.

거의 유일한,
완벽에 가까운 정신자세

무•장•게•릴•라

허접한 세상 대처법

우레탄 군홧발로
팔각궁륭형 천장을
마구 돌아다닌다.

이건 고등학교 때,

세상 발칵 뒤집을 철학사상이었어.

앉아있는 새들

보이지 않는 손이 나뭇가지와 돌조각을 던지는

풍차의 거창한 탄생.

사람이 믿는 것을 이해하기 위하여,

어두컴컴한 사랑을 흡입하는 힘의 끔찍함에 동조하는 심정으로,

아이가 구름의 성교장면을 목격하는 상황이랄지,

어느 봄날 꽃바구니를 들고 가는 시퀀스를 읽어내는 조건따위…

이런 걸 술집에다 내팽개칠 용기.

사랑은 병든 마음이 불러일으키는 환상일 뿐.

부화된 뇌와 항온동물의 관계처럼,

바다의 빗방울처럼,

나는 너를 위하여 사과밭에 침대를 마련할 테니

이제 이 모든 세상을 대상으로

전혀 새로운 동력학의 창시자로서 결투를 신청하겠다.

제발 내게 돌아와주길 바라.

尺度

인간은 人間以上과 人間以下를 포함한다.

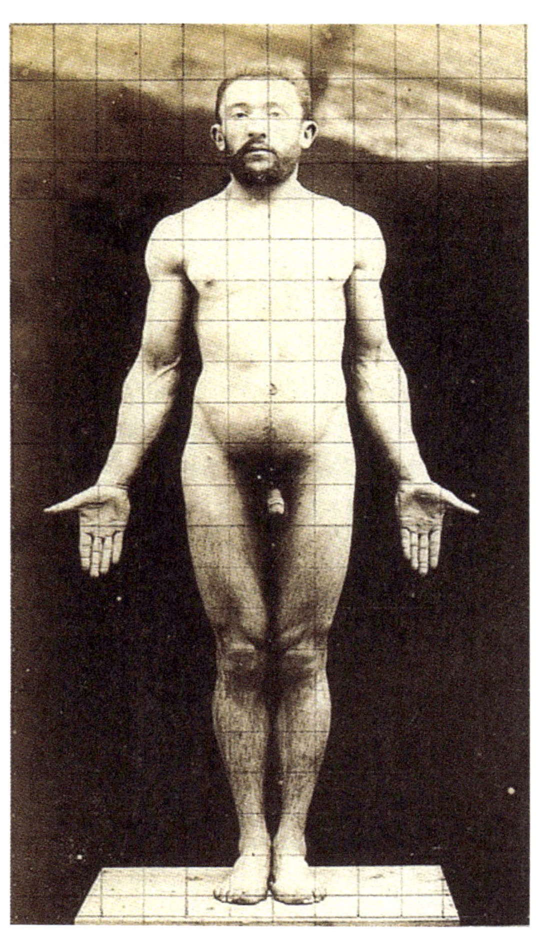

나는 심장을 꺼내 들고
감각하는 사람을 떠난 감각에 대해 생각해본다.

도저히 극복할 수 없는 슬픔은,
감각적인 像들이 거의 언제나
순결한 관념의 형성을 방해한다는 점이다.

白日夢

[illegible]

執筆意圖

나는 이 책을 죽어서 가지고 가기 위해 쓰는 것이다.

가장 허무한 글을 제외한 모든 것이 허무하다.

文章

꿈에서 탈골되어 나온 어깨가 곡괭이를 비껴메고
金脈을 짚어가면서 절대적인 대리석과 싸운다.

죽은 자의 골수 기증을 위한 변명

책을 아무 데나 펼쳐 먼저 눈에 띄는 구절을 이름 삼듯이
운명의 두루마리를 펼쳐 꿈의 출처에 대해 설명하는 요령을 터득한다.

죽음의 성욕을 북돋기 위해
장미꽃을 박쥐피에 적셔 그녀가 잠든 머리맡에 놓아두곤 한다.

의식에 균열이 일어나지 않으면 몰두했다고 볼 수 없다

시련은 시력의 향상을 부르는 현상이다.

신체적인 기능이 퇴화하면서
그것이 죄다 정신적인 차원으로 이전되어
오히려 더욱 생생하고 집요하게 변질, 지속된다.

뭔가 갑자기,
전혀 예기치 못할 방식으로,
어쩌면 돌이킬 수 없게 일어날지 모를,
그런 불확실한 상황에서
내 안을 가득 채우고 있는 日常은 그 자체로 엄청난 위협이다。

화염으로 짜여질 思想

우리가 살아있다는 것이
우리의 눈을 멀게 할 것이다。
우리가 함부로 빛이라 부르는 그것이
짙은 어둠을 거느리고
우리가 가는 길을 끝까지 호위할 것이다。

우리의 쾌락추구는 허약하기 이를 데 없다。
그것의 토대는 우리 자신의 허상일 뿐이며、
우리의 두뇌회전이 얼마나 원활하나에 모든 게 달려 있다。
우리의 육체는 좀 더 나중에서야 움직이기 시작한다。

훔쳐보기의 초보자가 으레 생각하는 것처럼
기계적으로 쾌락에 사로잡히는 경우란 없다。
위험을 자초한다거나、 내일이면 모든 게 끝날 거라고 확신하는 것
파토스의 略號에 일어나는 이 끊임없는 왜곡은
전기가 찌릿찌릿할 정도다。

쾌락과 함께라면 우리의 辭典에 금기란 존재하지 않는다。
언젠가는 각자 통나무와도 通情할 수 있으리라。

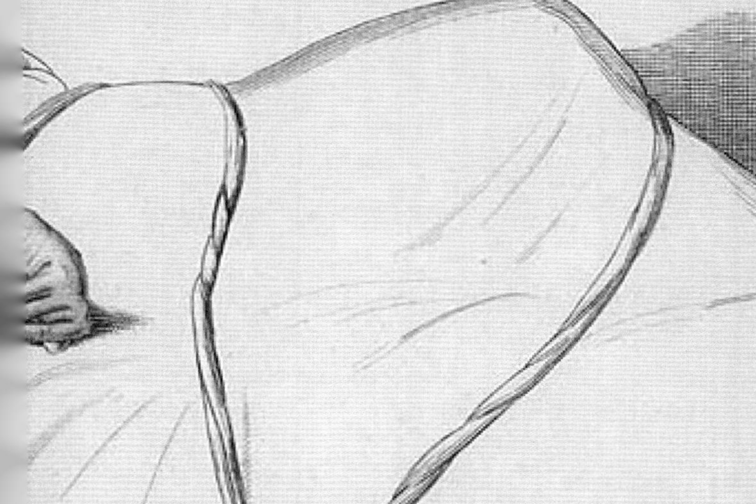

의식에 비친 현상들로 인해

스스로 전복되는 것을 느끼지 못하는 의식은

의식이 아니다.

어깻죽지에 돋은 날개인 줄 알았던 것이 뿔 위에 앉은 새였다.

결국 내가 찾는 것은 합리적 因果律에서 그게 벗어나는 꽃 한송이.

소통은 타협이 아니다.
文字는 그것이 태동한 하늘의 별자리를 닮고
불멸은 그것의 존재방식이다.

우리가 할 수 있는 일은 아무것도 없다.

정신의 무거운 실험과 무한히 가벼운 실험정신

모든 것은 한계를 넘어설 때 새로운 形式의 문제가 된다.

언어사원 13

하나의 문장 속에는 여러 개의 관절들이 있어서
그것들을 제각각 다른 방향으로 꺾어보면,
그것들을 꼭지점으로 하여,
〈이전까지는 보이지 않던 세계에 대한 믿음〉이
완전히 새로운 하나의 콤퍼지션으로 구현되는 것을 볼 수 있다.

'삶을 바친다'는 표현은
'삶을 바쳐 X를 한다'는 의미인데,
이는 'X를 산다'는 표현에 비추어
불완전하다.

자기 자신의 정수리를 응시하는 자를 쓰러뜨릴 방법은 없다。

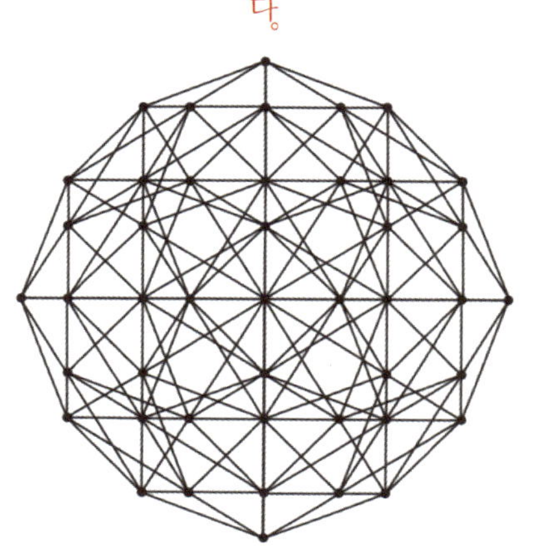

꿀벌로부터 영원으로

내가 구축해야 할 像 혹은 文體 혹은 構文을
어떤 무한급수적인 함수 f(x)로 놓고
x = 꿀벌에서 ∞까지,
그것이 수렴하는지 발산하는지를 알아보고 싶다.

확장된 영역으로의 응시

햇빛을 머금은 정어리 통조림깡통 같은 이 삶의 멈춤에 대한

思考를 멈추지 않는다.

벼락을 피하는 방법

리비도를 지속적으로 완만하게 방출해온 사람이 왜 치명적인 사랑의 열병에 희생당하지 않는가 생각해볼 필요가 있다. 대기 중 방전현상이 지속적으로 이루어지는 철근골조로 된 집 위로는 더 이상 벼락이 내리칠 여지가 없는 것과 같은 이치다.

REVOLUTION

에티켓

情事의 초기단계에서는 키스와 도킹이라는 기존의 확립된 시스템 안에 머무는 것이 적절하다. 물론 그러고 나서 펠라치오와 쿠닐링구스의 레퍼터리 추가는 빠를수록 좋다. 방대한 테크닉 목록 상 그 두 행위의 무진장한 활용법들이 실제로 적용되는 동안, 세세한 측면들에 꾸준한 주의를 집중하면서 차츰차츰 리듬을 증진시켜나가는 것이야말로 문제를 푸는 열쇠다. 초기단계를 거치고 나면, 이번에는 체위의 범위를 확대하는 것이 필요하다. 이 과정에서 결코 욕구에 수치심을 결부시켜서는 안 된다. 가능하면 수치심 자체가 존재하지 않는 것이 좋다. 일단 그것만 되면 옵션은 무한정이다. 평상시보다 천천히 움직이는 손동작, 점점 치켜올라가는 속눈썹, 먼 곳을 더듬는 시선과 깊은 신음, 간드러진 웃음소리. 이런 징후들은 서로가 마치 법원 공문서나 약국 처방전처럼 면밀하게 읽어내야 할 것들이다. 그리하여 어떤 지점을 지난 뒤부터는 평범하건 평범하지 않건 일단 욕구를 소리내서 표현하는 것이 당연하다. 예컨대, 등마사지부터 시작해 상스러운 말들을 뱉어내는 가운데 손가락을 사용한 항문공략까지 다양하게 구사한다. 이쯤에서는 음식의 메타포가 유용할 수도 있겠다. 단, 우리는 점잖빼는 레스토랑에 앉아있는 것이 아니다. 대청마루에 비스듬히 누워 음식주문을 하는 것도 아니다. 둘이서 (혹은 서넛이서?) 함께 팔 걷어붙인 채 요리를 하고 있는 거다. 당연히 은근하면서도 노골적인 제안이야말로 최상의 레시피. 서로의 비법을 활발히 교환하자. 상대에게 소스 맛 좀 봐달라고 청하자. 너와 나의 평가에 귀를 기울이자. 만약 우리에게 딱 일주일, 아니 하룻밤 밖에 시간여유가 없다면 이상의 전 과정을 바짝 압축해도 무방하다.

디자이너

내가 **디자인**하는

완전한 **자유**는

한 번 들어가면

棺 속에

누워서야 나올 수 있다는

봉쇄수도원을 닮았다.

창조는
첫 단계서부터 시작되어
마지막 단계에 이르러서는
이미 창조자의 손을 벗어나
걷잡을 수 없는 양상으로 自生
하는 복잡한 과정이다.

괴물이 탄생하는 이유가 바로
거기 있다.

괴물의 탄생

글쓰기의 유일한 방법은 고쳐쓰기

번역가

규격화된 공간 내에 착석한 다음 곳곳에서 작동하는 예민한 계기판들을 예의주시하면서 수많은 버튼과 레버들을 실수 없이 조작하여 한卷의 세계를 탐사해 들어간다.

나에게

書齋란

고래뱃속처럼

아늑한

몽상의 공간이

아니라,

복잡한

기계장치들 때문에

발 디딜 틈 없는,

소란스러운

工場이다.

일하는

일을 사용해서 시간을 압축한다.

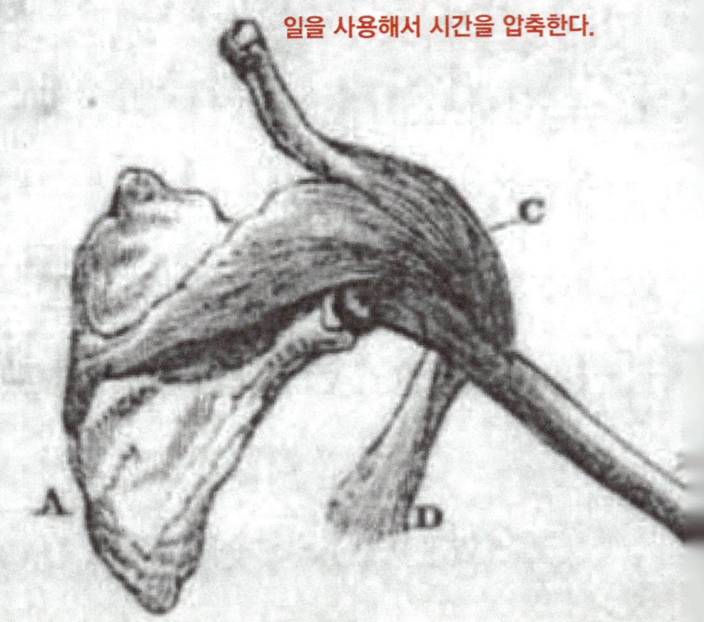

方法

정신과 손을
合致시키는 경지에
올라서야 한다.

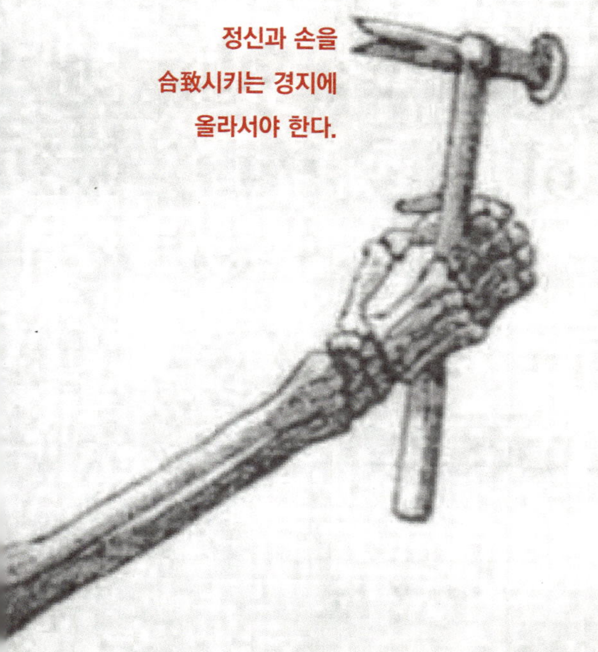

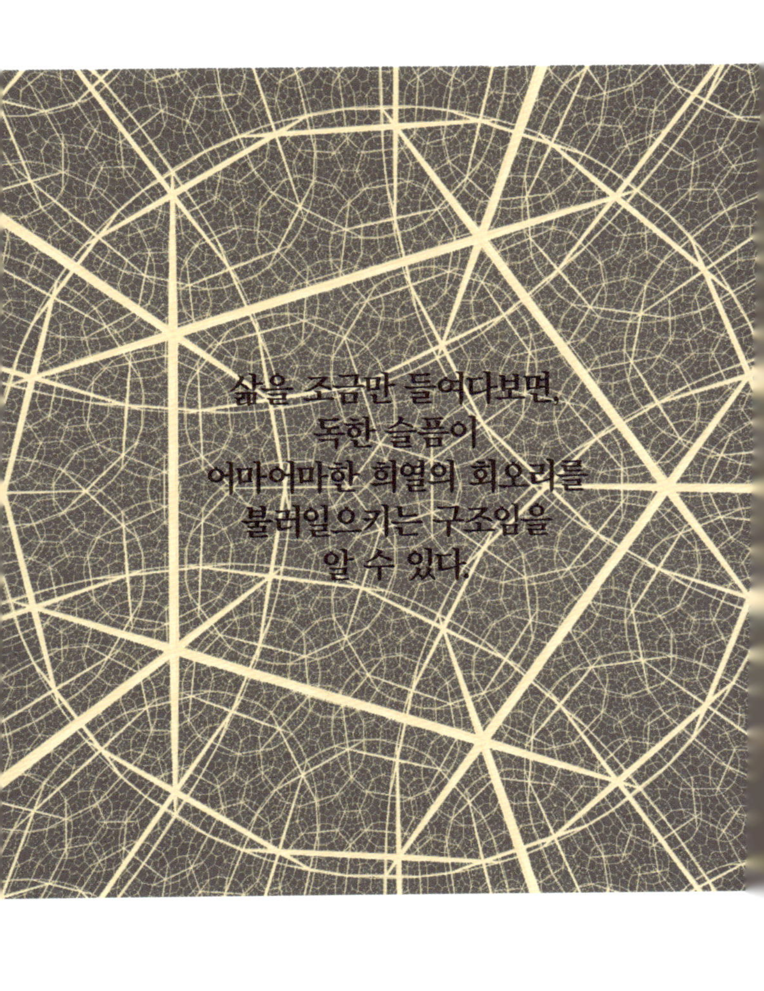
삶을 조금만 들여다보면,
독한 슬픔이
어마어마한 희열의 회오리를
불러일으키는 구조임을
알 수 있다.

육체에 대한 혐오

즉, 죽을 때까지 영혼을 구속할 감옥에 대한
증오심이란
육체가 요구하는 만족을 거부하는 태도만큼이나
그 만족이 極에 달하도록 육체를
남용하는 태도로도 드러날 수 있다.

THE SUNSHINE & WORLD REVOLUTION

나의 대뇌변연계가 궤도를 이탈해
미친 팽이처럼 머리 바깥으로
튕 겨 나 갈 때,

詩는 神을 위해 써라.

作詩法

詩의 이해
1장 1절

시인이
이해를 구한다는 것은
참담한 일이다.
자기 안에서
이해 가능한 것밖에
찾지 못했음을
뜻하기 때문이다.

용사는 울지 않는다.
용사는
자전거를 타고
용을 잡으러
지옥 속으로
들어간다.

미친 듯이 정신차리는 자

화형대 위에 서서 군중의 야유를 향해 뜨거운 오줌 뿌리는 자
우울한 同類의 입에 딥키스 해주면서 그 어여쁜 혀 우아하게 깨물어주는 자
연민을 통해서만 타인을 이해할 수 있는 자
무섭도록 심각한 표정으로 안데르센 동화책을 달달 외우는 자
시 쓰려고 문 닫아거는 자
불쌍한 바보들에게 자신을 모욕할 기회를 기꺼이 베풀어주는 자
醉氣와 기억을 맞바꿔버리는 자
칼을 몸에 지녀 정신이 빛나는 자
더러운 애인들만 잔뜩 거느리고 다니는 자
적을 긍휼히 여기며 슬퍼하는 자
취향이 매우 단순 명료한 자
자기과장과 자기왜소화를 밥먹듯 하는 자
시 쓸 때 너무도 명석해서 보통 때는 멍청해버리고 마는 자
지극히 정상적인 삶을 사는 정신병을 앓는 자
처녀를 두려워하는 자
농담을 역겨워한다고 진지하게 농담하는 자
자신의 코믹한 모습에 흐뭇해하는 자
聖스런 시를 쓰기 위해 性적인 에네르기를 마구 낭비하는 자
분석력이 뛰어나서 善과 惡을 정교하게 실천할 줄 아는 자
전통을 창출하고 일탈을 답습하는 자
만인이 오해할 정도로 순수한 자
세상과 作黨해서 신나게 놀아줄 줄 아는 자
하찮은 시를 볼 때 제일 기분이 나빠지는 자
시 완성의 계획말고는 아주 세속적인 계획들로 늘 골치 썩는 자
시가 아니라 문법을 요구하는 자
뻔뻔스런 아름다움을 갖춘 자
미친 듯이 정신차리는 자

BUFFALO
Agence Alice
Photo Philipp Dixon
Mannequin José chez Glamour
'92. 1. 24
Paris에서
동공이 열린 성귀수

回顧錄

마르첼리노는 연두색으로 모나리자를 그렸다。
만찬의 자리에서 族長은 모나리자를 구기며 내게 금지를 선고했다。
세탁선이 철거된 자리에 일본식 2층가옥이 들어섰다。

나에게는
얼마 남지 않은 시간과
불가능에 가까운 목표가 있다。

무엇을 더 바라랴。

세상과

不和하는

輕騎兵의

자세로

다음 순간을 향하여

내 친구 테스토스테론

내 친구 테스토스테론은 이렇게 얘기하지.
자고로 남자와 여자를 맺어주는 건 생식기관의 상호보완성이라고

그는 사랑이란 생물학적 운수소관이라고 심각하게 생각하는 친구야.
입만 열면 뇌까리는 그의 이론은 난잡하기 그지없어.
당신이 보기에, 서로 언제 봤다고
갑자기 운명적인 결속을 내걸면서 죽고 못 사는 커플들 있지?
테스토스테론 그 친구에 의하면,
하느님이 육,칠십억의 개개인을 수컷과 암컷으로 꾸며놓은 중에서
극히 미미한 비율만이 서로 '바람직하게' 상호보완적이라는 거야.
그건 그럴싸한 情分의 크기나 깊이,
눈에 보이지 않는다는 그 신기한 인연의 질감과도 관련이 없대.
그런 것과는 전혀 별개의 다른 무엇,
즉 화학적인 현상에 달려있다는 거지.
호르몬의 마법이라고나 할까.
혈관과 혈액의 온기, 가습작용,
유기체적 함몰과 융기의 문제인 셈이지.

요컨대

내 친구 테스토스테론의 표현을 빌면
모든 게 일종의 〈모세관 현상〉에 달려있다는 거야.

허허… 그것 참!

행복한 사람

그 모습은 흡사 생물학 시간에 반사신경을
테스트하기 위해 전기충격이 가해지는
껍질 벗긴 실험용 개구리를 연상시킨다.
다름 아닌 행복이 인간을 그 지경까지 몰고 간 것.

행복이 사람을 수술 중이다.

빨강꽃

한바탕 어리석은 짓을 저지르고 나니
또 다시 生의 욕구가 슬그머니 고개 든다.

아, 天地神明이시여 !

이 남자에게 꿈틀거리는 붉고 풍성한 머리카락을 심어달라.
펄펄 끓는 알코올과 미칠 듯한 춤을 달라.
한 입 가득 뜨거운 딸기잼을 먹여주고,
불가마 속 벌겋게 달군 돌멩이의 질감을 손아귀에 쥐어달라.
하룻밤 여자와 6주쯤 지낼 여자,
1년 정도는 함께 할 여자와 평생을 갈 지긋지긋한 여자,
모두를 달라.

새로운 도시 전체를
이 남자에게 넘겨달라.

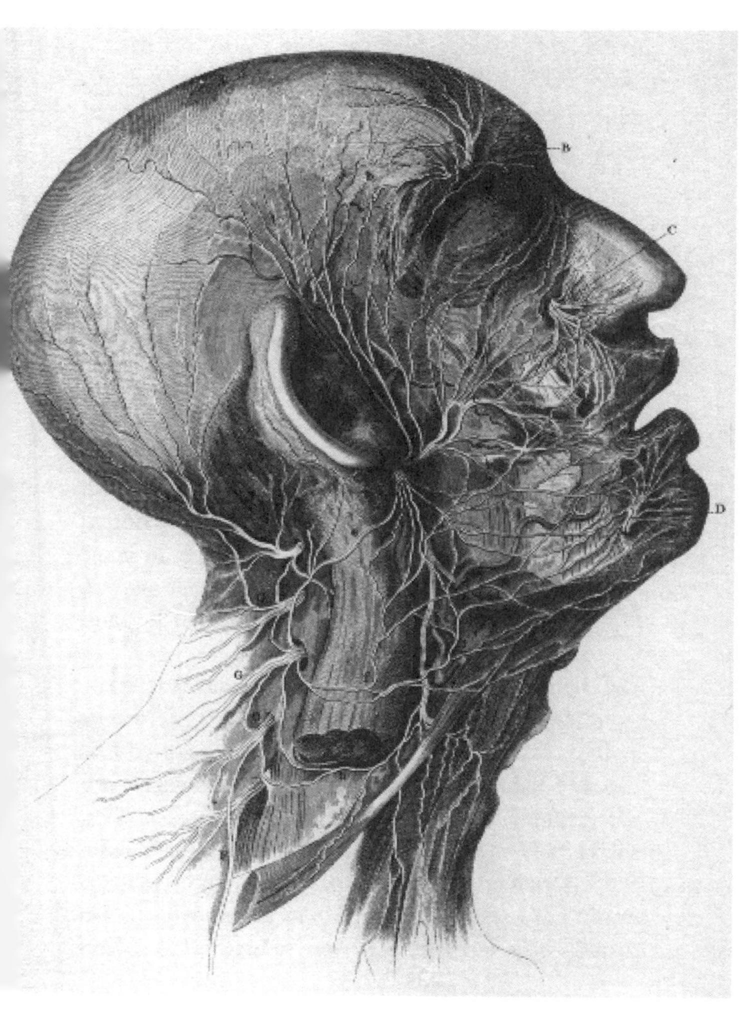
B
C
D
G

친구와 오랜만에 들른 단골술집에서였다. 수개월 동안 일체 연락이 두절되어, 그러지 않아도 반은 궁금하고, 반은 다행이다 싶던 차에 속칭 〈통나무 술집〉이라 불리던 그곳에서 목격한 마녀는, 대략 15평 남짓한 술집 천장을 유유히 *浮游*하고 있었다. 마녀는 군데군데 곰팡이 자국이 무슨 괴기스런 벽화처럼 문양을 드리운 천장과 벽 네 귀퉁이를 이리저리 날아다니다가, 이따금 자욱한 담배연기와 시끄러운 음악소리를 휘저으며 내려와, 열띤 몽상에 골몰한 사내들의 위태로워 보이는 어깨에 앉거나, 그들 중 가장 몽롱한 표정을 한 美少年의 머리통을 냉큼 집어삼키는 것이었다. 나와 내 친구는 되도록 사람들 시선이 잘 가 닿지 않을 한쪽 구석에 자리를 잡고 앉아 광기를 부풀리는 황금빛 맥주를 주문했다. 알코올의 잔 펀치가 두 남자를 점점 그로기 상태로 몰아갈 즈음, 내 눈 앞 맞은편 의자에는 어느새 마녀가 내려와 앉아있었다. 그녀는 먼저 졸고 있는 친구의 얼굴 한쪽을 덥석 물어뜯더니, 나를 힐끗 보며 노래하듯 읊조렸다.

맘껏 의식하라
시간시간 할애된 초의식의 축복이 자유의 극치임을
인간은 무의식의 독침을 스스로에게 허락하나니

나는 동공이 열려 있는 마녀의 눈을 들여다보며, 드디어 그녀가 환한 어둠을 발견했다는 사실을, 그녀 가마솥 속의 惡의 잼이 결국에는 부글부글 開眼했다는 사실을 눈치챘다. 그것은 마녀가 기어이 형상의 딱딱한 껍질 속에 갇혀있던 어둠의 肉水를 맛보았으며, 독즙을 생산해내면서 한껏 익어가느라 자기 내부에 꽉 들어차 있던 속살이 무언가의 깨물림을 당해 마침내 세상 밖으로 툭 터져 나왔음을 의미했다. 이른바 무의식의 과잉이 범람해 진부한 상징의 둑이 허물어지고, 이제는 광기의 현란한 어지러움만을 전격적으로 껴안을, 그 관능 속에서 멈출 준비가 되어있는 듯 보였다. 검은 방울새의 농간으로 자꾸만 상징의 껍질, 비유의 그물에 붙잡혀 버둥대던, 그래서 室內의 어둠 속을 그저 더듬대기만 하던 옛날의 마녀가 더는 아니었다. 정녕 魔王이 그녀에게 어둠을, 아니 어둠에게 그녀를 보여주기라도 한 걸까? 그녀를 에워쌌던 황토빛 상징들이 진정 다 사라지고 象形이 있기 전의 언어, 빌어먹을 감촉에서 완전히 해방된 先史의 방언을 손에 넣었다는 말인가? 과연 마녀의 입에서 튀어나오는 말들은 그 이전과는 格이 달랐다. 그것은 이미 vision으로 가득 찬 呪文이었고, 어둠의 신탁을 받고 깨어난 영혼이 울부짖는 절규였다. 한데 이 마녀, 정말이지 무척이나 교활하지 않은가. 꿈의 속임수에 걷잡을 수 없이 함몰하면서도 저토록 정신을 바짝 차리고 있으니 말이다. 시간시간 할애된 초의식의 극치를 微分해가는 그녀의 의식은 마치 어마어마한 혼돈의 정교한 심층구조를 치밀하게 檢針해가는 高解像度 관측계기와도 같이 半睡狀態의 굴곡을 속속들이 탐사해 들어간다. 언뜻 보니 마녀의 옆자리, 얼굴을 뜯겨가면서도 졸음에서 깨어나지 못하던 내 가엾은 친구의 머리가 어느새 통째로 사라지고 없었다. 마녀는 시뻘건 피와 누르스름한 육수를 입가로 뚝뚝 떨어뜨리며, 내처 자신만의 방언을 토해냈다.

사실 바보란,
꿈과 현실을
구분하지 못하는
사람이 아니라
꿈과 현실을
곧잘 구분하는
사람 가운데 있다.

언어사원 7

시는 極密度 동어반복이다.

살아가면서
가장 어려운 일은
제정신이 아닌 짓을
저지르지
않는 것이다.

Pl. VII.

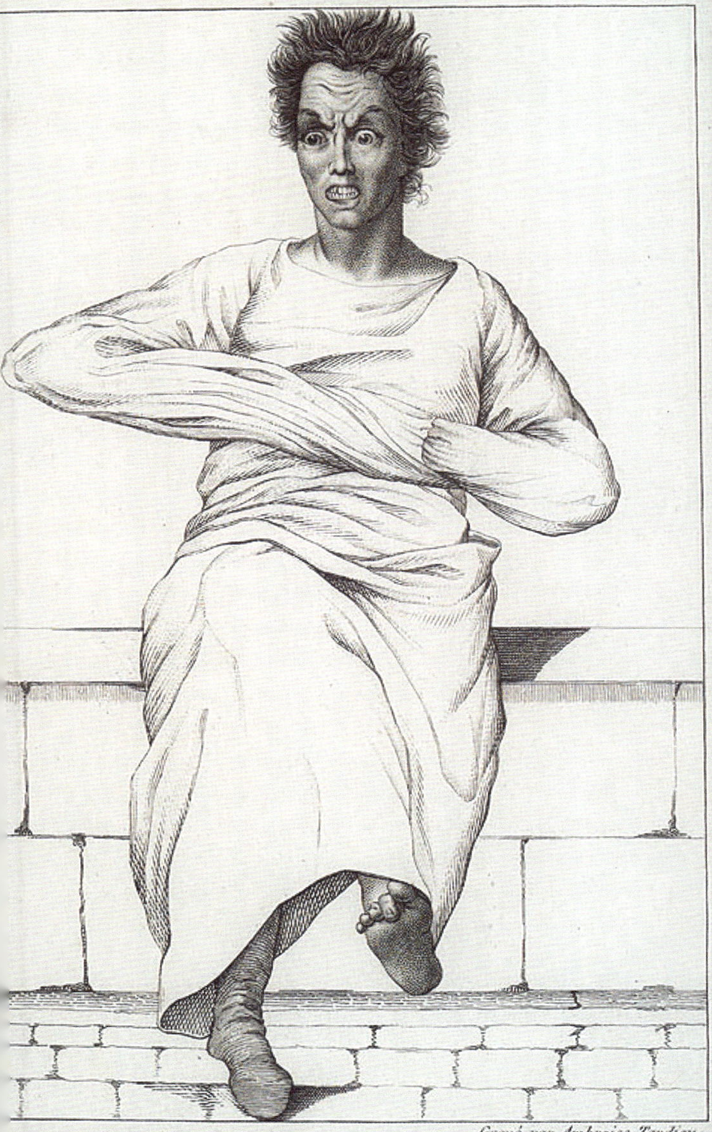

Gravé par Ambroise Tardieu.

성귀수를 자살로 유도하는 모든 절망적인 상황들의 공통점은 그 상황들이 일종의 분노의 감정에 깊이 연루되어 있으며, 궁극적으로 자신의 自我像에 대한 분노로까지 그의 병든 심장을 격화시킨다는 사실에 있다. 독한 유혹에 빠졌거나 그것에 저항하는 성귀수는 창문 밖으로 뛰어내린다. 타락하고 있다는 생각에 시달리는 성귀수는 독을 삼킨다. 사랑의 열기를 갈망하는 성귀수는 몸뚱어리에 불을 지른다. 부패한 사념들에 포위당한 성귀수는 아무도 모르게 가스관의 밸브를 열어놓는다. 그리고 손목을 긋는 성귀수는 가로가 아닌 세로로 긋는다… 이 모든 것이 순간 철컥하고 방아쇠를 당기는 것처럼,

不時에 일어날 때, 성귀수는.

나는 나 자신의 주검을 밟고 넘어갈
각오가 되어있는 구두를 신었다.

죽어가는 자신을 지켜보는 것.

그것은 視線이 아니다.

그것은 활시위를 당김으로써 비로소 보는 것이
가능해지는 경지다.

죽음과 거래할 것만 놔두고,
다 버려.

죽음이 죽음을 쫓는 자를 뒤쫓는 동안
가시철조망이 활성화되는 것은 낯설지 않다.

認識論

아는 것은 믿는 것이다.

문제는 그 强度다.

지금 이 순간을 놓고

그것의 靈的 토대를 마련해줄 수 있는 정도의 지식이 없으면

당장 그만두라.

隱遁

삶의 가장 효율적인 형태

序列

인정받아가며 평생 글을 다듬는 작가는 행복하다.

인정받지 못한 채 평생 글을 다듬는 작가는 위대하다.

공개하지 않은 채 평생 글을 다듬는 작가는 경이롭다.

미증유의 놀랄 만한 확장공명장치 속에 이 삶의 모든 잡동사니를 담아낼 수 있느냐、

없느냐로 모아졌을 것이다。 그는 물론 자기가 쓴 모든 문장을 자신 있게 정당화할

그럴듯한 근거를 가지고 있었을 것이다。 칸트나 데카르트보다는

베르그송이나 아인슈타인이 손뼉치며 좋아했을 FLUX를 향유할 만큼

뺀질뺀질한 그에게 언어의 예찬은 곧 언어의 자폭과 다르지 않았을 것이다。

당시에도 즐비했을 어리석은 그대 독자들의 면전에 기회를 봐서 대차게 한번 뿜어댈 방귀를 그가 얼마나 참았을지、

그 毒氣 잔뜩 축적한 채로 얼마나 악마처럼 악랄하게 글을 썼을지、

이제 이만하면 感이 오나?

제임스 조이스는 필경 不滅을 원했을 것이다.

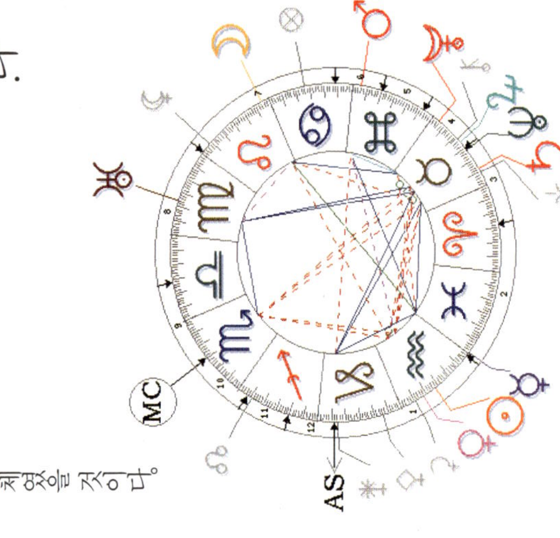

그에게 언어란 분열과 유착에 의해 가공된 일종의 정서적 매체였을 것이다。

외눈박이거인의 눈동자 속에 숨은 교란자가 가짜 일인칭의 세 치 혀 놀려

엄청어처구니황당무계허무맹랑 영웅의 계보 들먹였을 것이다。

오、 그의 관심은 결국 기기묘묘 용수철들이

사고 속에 존재하는 것을
진정으로 존재한다고
사고하는 것이
진정한 사고다.

435번 단어,
628번 단어,
813번 단어의
세 꼭지점을 기점으로 하여
동시다발로 변형과 생성이 이루어지는
하나의 거대한 文型

千 단어의 詩

언어사원 4

단어들이 고밀도로 결합할 것이다.
결합은 단번에 읽히기 어려운 패턴들을 감추고 있을 것이다.
단어들의 의미가 사라지면서, 혹은 방해받으면서,
패턴들 자체가 의미를 드러낼 것이다.
또한 그 패턴들이 변주되고 증축되는 패턴들이
의미의 복합을 드러낼 것이다.
그것은 몇 度 혹은 어떤 프레임들로 계측되는
定型性을 갖춰가면서
철저하게 의미가 배제된,
다시 말해서
완전히 다른 방식의 의미구조를 떠오르게 할 것이다.

백년 후 도서관 먼지더미 속 책 한 권

한 목숨을 초월하지 않는 것은 꿈이 아니다.

어느 한 순간

죽을 수 있다는 自覺만큼

경이로움을 암시하는 현상은

진리란 무엇입니까?

...

감격이다.

죽음이 무엇인지 아는 자의 자살행위

薔薇塔

높은 塔에
오르고
싶은가?
깊은 薔薇
속으로
침잠하라.

죽음에 대한 예의

죽음은 드라마틱하지 않다.

드라마틱하지 않은 죽음의 순간이

없을 뿐이다.

심장이 제대로 뛰지 않으면

숨쉬기가 거북해지고

숨쉬기가 거북해지면

세상이 어두워진다.

이는 너무도 자연스러운 현상이어서

유기체가 감당하기에 과도한

그 무엇도 아니다.

protocol

신이 존재한다는 말은 무의미하다.

인간의 한계가 존재한다는 말이 의미있다.

사색

해골에 담아 먹든
투구로 퍼 마시든
그 물은 쓰다.

거대한 순응

받아들여라

운명과 싸워야만 하는 너의 운명을

심장은

아주 위험하고 거추장스러운 기관이다.
자유롭고 편리하게 탈부착할 수 없다면
그야말로

爆彈을

품고 사는 것과 같다.

최소한,

大勢는 탈피할 것.

당대에 火刑당하는 영광을 포기해선 안 된다.

사람보다는
건물의 대리석 덩어리나 해변의 모래알,
길가 가로수들과의 대화가 더 자연스럽다는
사실을 부정하기는 어렵다.

사람보다는
건물의 대리석 덩어리나 해변의 모래알,
길가 가로수들과의 대화가 더 자연스럽다는
사실을 부정하기는 어렵다.

人文科學的思考

누군가 인간이라는 생각은
언제나 증명을 요하는 주장일 뿐이다.

15층 옥상

순수한 희열은 대중화하기가 불가능하지.

정신이 무르익은 과실처럼 어떤 형질을 취하기 위하여 하강할 때

준비되지 않은 무리에 의해 진실은 오염되고,

소위 영혼이라 불리는 그 무엇이 증발해버린 세상에는

뺀질나게 오락가락하는 잔머리들만 득실거리지.

누구든 省察과 自省을 논하면 그 소리는 왜곡되고 굴절되어

날카로운 부메랑으로 돌아와 제 목을 치지.

신의 모습이 아무리 아름다워도

경계를 넘으려는 자의 절망에 미치지 못하다

地獄에서

하늘에 계신 우리 아버지,
두레박에 가득 담아 내려보내주소서.
책과 창녀
그리고 초자아를 녹여줄 독한 알코올.

모든 여행은 자살미수다.

심장이 밀랍덩어리처럼 뭉그러지고
살점이 피걸레처럼 너덜너덜해져서
체취와 추억조차
탄산가스처럼 증발해버리는 순간,

나는 떠난다.

자기 안의 가장 절제된 광기 이외에 그 어떤 성향도 결코 드러내지 말 것

종교적 경지

사는 것이 아니라,
삶의 儀式을 거행하는 일이다.

내가 모르는 별은 나를 감추고 있는 나무.

머리카락이 너무 길어서 목졸리는 달이

너무 무거워 꿀병 속에 빠진 달을 비웃고 있네.

오 도망치고 싶어라,

발소리 나지 않는 사슴가죽신 신고,

화창한 햇살 실어 나르는 태양의 휠체어 바퀴소리를 굴려.

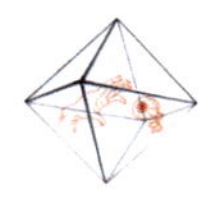

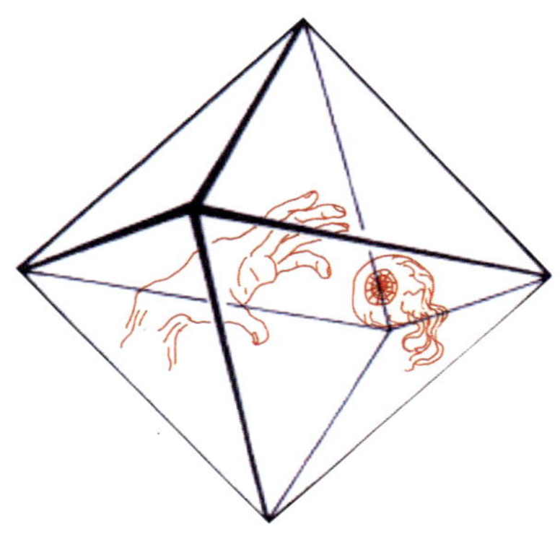

자신의 광란을 들여다보는 자의 **恒常性**은
그 어떤 수학적 망상보다 **아름답다.**

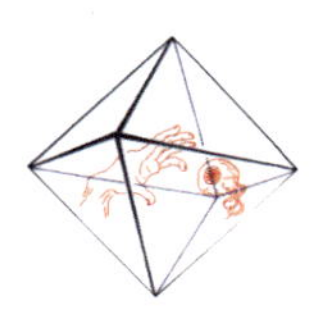

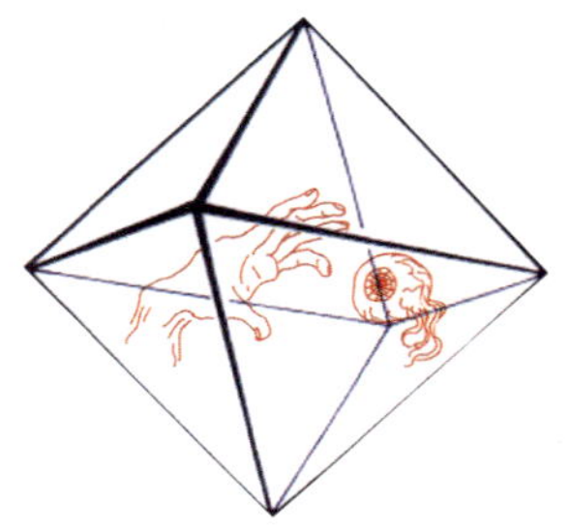

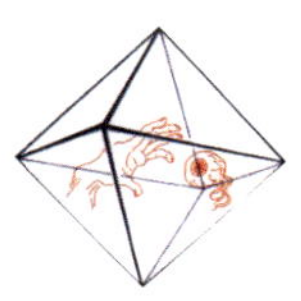

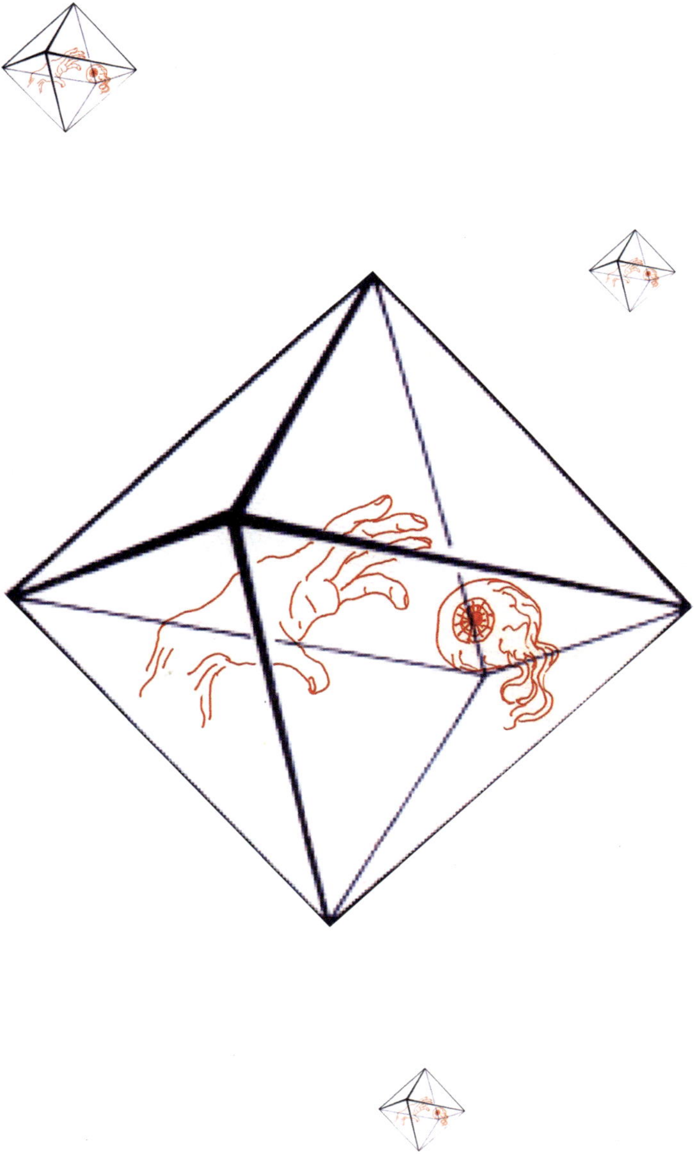

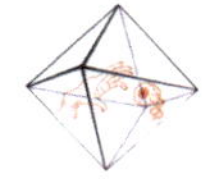

계산공간 안의 냉소주의자가
티라노사우루스를 구워 먹는다.

존재의 모든 옹호에 대한 가장 악랄한 야유

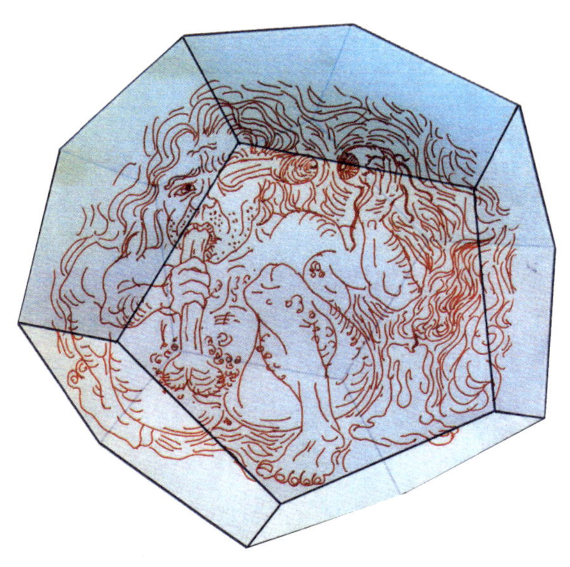

詩精神過飽和狀態

美食家

가슴이 찢어진다. 삶이 맛있다.

추잡하고 따분한 것으로 타락시키는
행동타입이 둘 있다.

하나는 그것을 일종의 메타포로서 다루는 행동이고,
다른 하나는 아크라시아다.

存在定理

주어진 어떤 角의 이등분선에 대한 정의는
각도기와 자를 동원한 유클리드적 作圖를 통해서 증명에 이른다.
이것은 수학이 얼마나 도덕적이고 윤리적인지를 웅변으로 말해 준다.
시를 쓰는 사기꾼들은 수학의 이런 윤리적 자세를 배워야 한다.
아리따운 시어를 갖다 붙이는 데 취하지 말고, 어떤 어휘, 어떤 구문이 왜,
어떻게 그 자리에 가능한지를 분명하게 言表할 수 있도록 노력해야 한다.
시 역시 각도기와 자를 동원한 증명과정을 거쳐야 하는 것이다.
실체가 증명된 다음부터가 시다.
증명이 시다.

나는 닫힌 공간에 너를 가두고
정확하게 너를 반사시키는 탁상용 거울들을 적재적소에 배치해
어디를 돌아봐도 네가 존재하는
완전한 세계를 만들 것이다.

결단코,
너를 용서하지 않을 것이다.

이 세상 혐오스러운 그 어떤 것보다 더 너를 혐오할 것이고,
너와 관계된 모든 존재하는 것을 증오할 것이며,
나 자신마저 증오할 것이다,
네가 만약 사라져버린다면.

이제 유언장을
써야 할 때가 되었다는 생각이
들었다.

언어로 에피소드를 파괴하고

그 숱한 예언을 기억해내는

위대한 묵시록 작가의 시대가 도래했다는 생각이 들었다.

신이여,

이 못난 인간의 사소한 실수도 용납지 마시고,
그가 읽고 쓰는 글 속에서 완전히 탈진하는 기쁨을 허락하소서.
그를 文字的 人間이 되게 하소서.

神이

자신의 몸을

쪼개,

심장을

꺼내어

보여주며

말했다.

보라, 이 가련한 자의 영혼아…

잘
짜여진
건축물의 구조가
그
內部를 채우는
음향의 용적을
결정하리라.

내부로부터 붕 뜨는 격렬한 波高는
나의 ECSTASY.
나의 쾌감은 순간적인 것이 아니다.
그것은 행위 저 너머로까지
연장되고 퍼져나가는 그 무엇.
좀 더 나중까지 살아남는 행복이다.

내게, 상상한다는 것은 그저 다른 것이 아니라

완전히 以上인 것을 뜻했다.

상상력은 현실을 초월하기 위한 것이 아니라, 현실로 하여금 상상을

초월하게 만드는

도약대였다.

나는 무엇이든 판단하듯이 상상했고,

상상한 대로 판단해버렸다.

내가 저지르는 어떤 짓은

그런 짓을 저지른다는 개념 자체에 도전하는,

완전히 차원이 다른 짓거리였다.

그것은 궁극적인 변화를 무한정 되풀이하는

이상한 체험이었고,

자꾸만 꿈에서 깨어나는 꿈을 꾸는

끝없는 밤의 악몽이었다.

지향성이 강한 삶은 力學的으로 기형이다.

예를 들어,
어떤 책을 쓸 때
그 책을 쓰는 이유는
그 책 속에 모두 담겨
自爆해야 한다.

정신에 대한 충고

조심하자.

피를 머금지 않은 水晶은 공중을 날아다니면서

인간을 공격한다.

나는 너무 참아서 내부가 온통 빛이다.
그림자 속에 태양의 장엄함을 감춘 사람
태양의 혼자 사는 거처에 침투하여 그의
그림자와 몸을 섞은 사람.

투석기로 쏘아올린 돌의 회전에 의하면
죽음을 앞둔 순간은 곧 닥칠 것이다 노래
하는 자가 피를 토하고 꿈꾸는 자의 두
개골이 산산조각 나는 현상은 기필코 도
래할 것이다 투석기로 쏘아올린 돌의 회
전력에 의할 것 같으면.

그만한 인내심조차 주어지지 않았다면
지금 당장 신의 사타구니 속에 머리를 처
박든지....

全力을 다하여 沈潛하는 자.

정확한 판단에 이르는 것은

知能

이 아닌

勇氣.

파라슈티스트는
급강하할 준비를 갖춘 채
死地를 찾아 떠다닌다.

MODUS
VIVENDI

영혼이 거할 집을 지으면 그 집이 곧 영혼이 된다

는 것이 나의 유일한 발견이다.

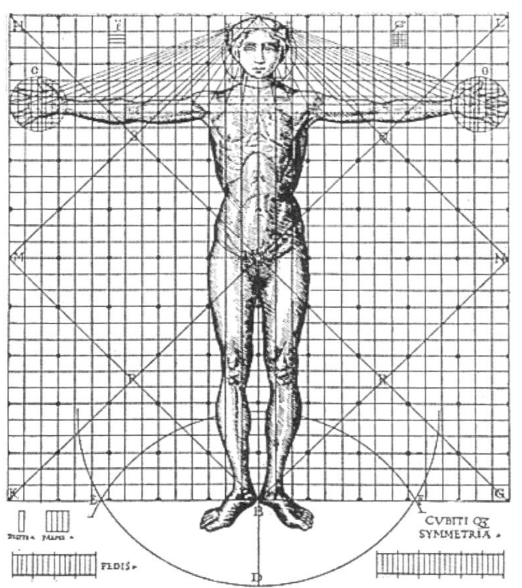

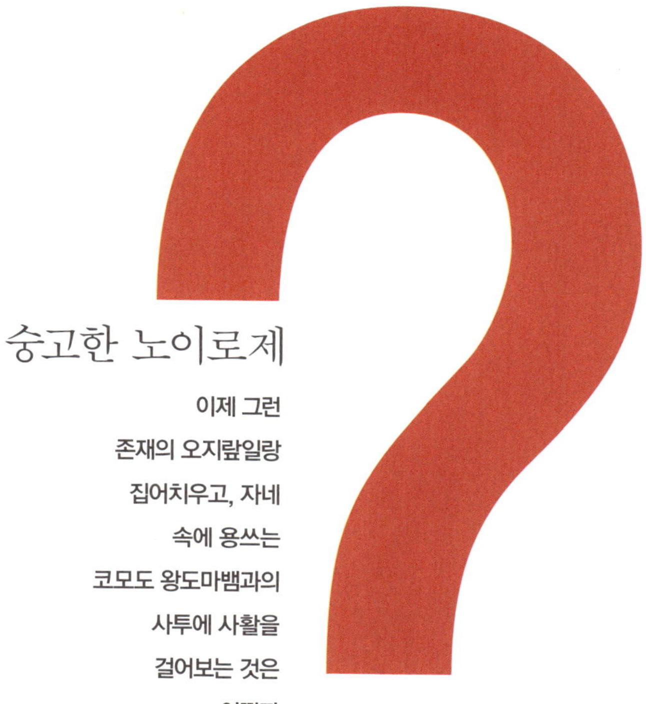

숭고한 노이로제

이제 그런
존재의 오지랖일랑
집어치우고, 자네
속에 용쓰는
코모도 왕도마뱀과의
사투에 사활을
걸어보는 것은
어떨까

160 끝